200 IDEAS
para pintar y dibujar

Fiona Watt

Diseño:
Amanda Barlow
Non Figg

Ilustraciones: Amanda Barlow, Non Figg,
Jan McCafferty, Lucy Parris, Nicola Butler,
Kathy Ward, Christina Adami, Rachel Wells

Texto basado en las ideas de Gill Figg y Ray Gibson

Fotografía: Howard Allman

Traducción: Pilar Dunster

Sumario

Introducción

Este libro se divide en secciones dedicadas a medios artísticos concretos, como las pinturas acrílicas, las tintas o los pasteles al óleo. Una vez decidido el medio que quieres usar, busca la sección correspondiente y lee la introducción que explica las técnicas para aplicarlo. A continuación figuran instrucciones, demostradas paso a paso, para que pruebes a transformar las ideas en obras de arte. Y atrévete a experimentar con tu creatividad, porque la mayoría de las ideas se pueden adaptar al gusto personal y al final del libro hay más sugerencias para que disfrutes practicando lo que has aprendido.

También hay información sobre pinceles, colores y mezcla de pigmentos, así como trucos para crear perspectiva y reflejos, sea cual fuere el medio de expresión artística elegido.

Muchas de las páginas del libro tienen fondos decorativos. Puedes investigar las técnicas empleadas para crearlos en las páginas 84-85.

El papel

El papel más adecuado en cada caso se indica debajo del título que figura en las páginas con ideas para proyectos. Conviene que uses el papel recomendado, ya que con otros tipos de papel el acabado será distinto. Hay más información sobre clases de papel en la página 4.

Los materiales

En tiendas de arte y papelerías te será fácil encontrar los materiales para poner en práctica las ideas que aparecen en el libro. Aquí describimos los materiales en general, pero al principio de cada sección figura información más detallada. Los pinceles se describen en la página 6.

El papel

Bajo el título de algunas de las páginas se indica el tipo de papel que debes usar, por ejemplo, papel de dibujo, papel para acuarela, etc. y lo puedes comprar en blocs o en hojas sueltas.

El papel de dibujo está indicado para tintas y pinturas pastel.

Papel de escribir a máquina o de impresora.

Existe un papel especial para pintar a la acuarela.

El papel Ingres, se utiliza para pintar al pastel.

Papel de seda

¡Limpieza!

Antes de poner manos a la obra, cubre la superficie que vayas a utilizar con hojas de periódico y ponte un delantal o una camisa vieja para no mancharte la ropa.

Prueba a usar papel de distintas clases; por ejemplo, papel marrón de envolver.

Ten en cuenta que los colores cambian si pintas sobre papel coloreado.

Las pinturas

Para realizar las ideas de este libro se han empleado pinturas acrílicas, acuarelas, pinturas preparadas y témperas. Se venden en pastillas secas, en tubo y en bote. Lee la página 8 para conseguir ideas y decidir los colores que vas a comprar.

Al principio de cada sección se explica cómo hay que mezclar la pintura.

Hay pinturas acrílicas en tubo y en bote. Para empezar, compra tubos pequeños.

Las acuarelas en pastilla resultan más económicas que en tubo.

Las témperas y las pinturas preparadas son parecidas a las acrílicas y más baratas.

Hay pinturas acrílicas y témperas plateadas y doradas.

Tintas

Las tintas de colores se venden en frascos. Para pintar o dibujar con ellas usa un pincel o una plumilla.

Puedes comprar cartuchos de tintas de colores.

Hay tintas de muchos colores vivos.

Pasteles

Necesitarás tizas pastel y pasteles al óleo para pintar. Suelen venderse en cajas, pero también los puedes comprar por separado.

Tizas pastel

Con los pasteles al óleo se consiguen colores más intensos que con las tizas.

Ceras

Las ceras suelen venderse en cajas. No resultan caras y con ellas puedes hacer montones de creaciones interesantes.

Plumas y rotuladores

Hay proyectos para hacer a pluma y rotulador. Para dibujar puedes usar una pluma estilográfica o una plumilla.

Rotulador

Usa la plumilla con los frascos de tinta.

Pluma estilográfica

Paletas

Necesitas un plato viejo o una tapa de plástico que te sirva de paleta para mezclar los colores. No hace falta que compres una paleta de artista.

El plato (o tapadera) debe ser blanco para que se vean bien los colores que mezclas.

Otros accesorios

Mientras trabajas te conviene tener a mano trapos o toallas de papel, periódicos viejos, una esponja plana, un trapo para limpiar pinceles, vasos vacíos de yogur y un recipiente de plástico para agua.

El pincel y su manejo

Aunque no es imprescindible utilizar pinceles profesionales para recrear las ideas del libro, comprobarás que son los más fáciles de usar y los que dan mejor acabado.

Tipos de pincel

Hay pinceles de muchos tipos y tamaños. Los de pelo suave son muy útiles para pintar con tintas y acuarela. Los de pelo algo más duro son ideales para aplicar pinturas acrílicas.

Este pincel de cerda suave es de marta, un tipo de pelo de animal. Son caros, pero de calidad.

Pinceles de punta redondeada

El número que lleva el pincel indica su grosor. Los del número 4 son para pintar toques y detalles, los del 12 para manchas amplias de color.

Usa una brocha corriente para los fondos.

Estos dos pinceles azules son de pelo duro.

Con pinceles de punta plana se consiguen pinceladas anchas.

Pinceladas

Los diferentes tipos de pincel hacen distintas marcas: las pinceladas. También puedes conseguir varios efectos con el mismo pincel.

Todas estas líneas están hechas con un pincel del n°5.

Haz las pinceladas finas con la punta del pincel. Presiona y saldrán más anchas.

Pinceladas alternando presión fuerte y suave con el pincel

Cuidado de los pinceles

Guarda los pinceles en una caja o derechos en un tarro.

No debes dejar los pinceles en remojo porque las puntas se estropean.

Lávalos con agua jabonosa templada. El agua caliente afloja las cerdas.

Devuelve la forma al pincel con los dedos antes de secarlo.

Debes guardar los pinceles de manera que las puntas no se estropeen.

Crea motivos y diseños combinando distintos tipos de pincelada.

Aplica el pincel plano sobre el papel para hacer marcas como éstas.

Un estampado de cuadros conseguido con un pincel de punta plana

Plumilla

Pincel de caligrafía china

Plumas

Haz las motas con un pincel fino de punta redondeada.

Palitos de algodón

Un trozo de esponja

Otros trucos

Además de los pinceles de artista, puedes servirte de otras muchas cosas para pintar. Prueba con algunas de las que ves aquí.

Pigmentos

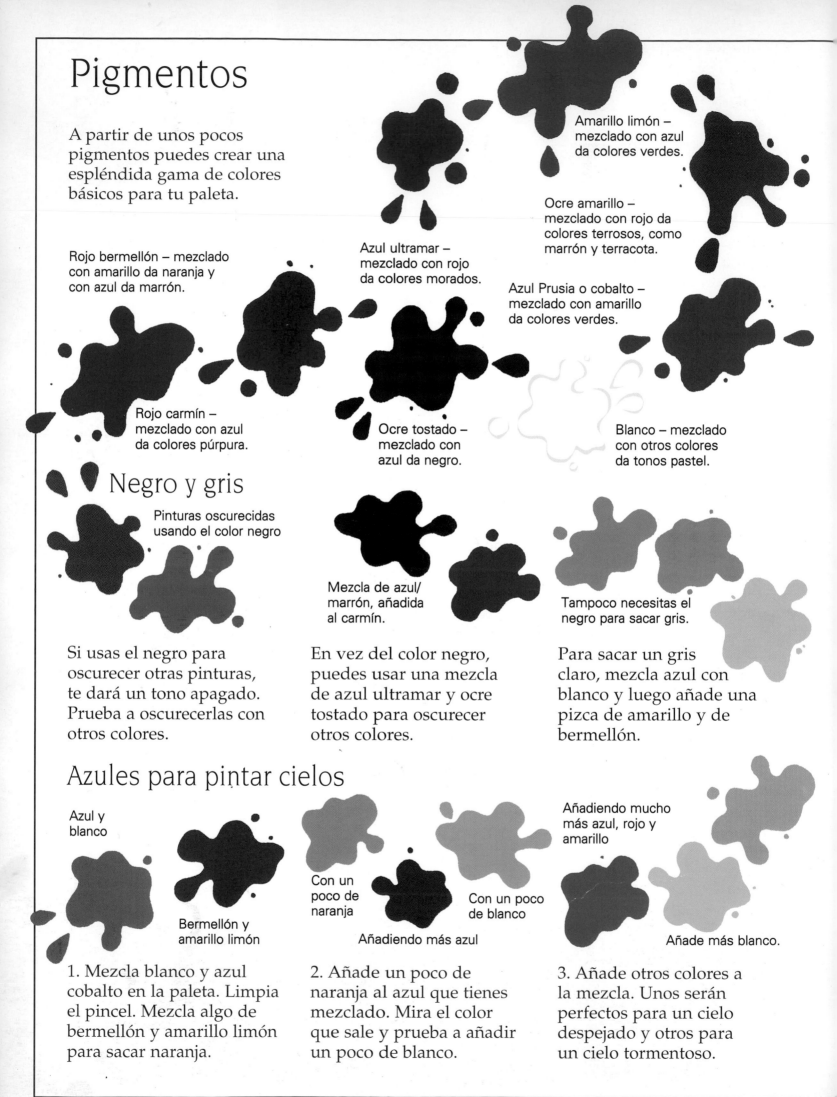

A partir de unos pocos pigmentos puedes crear una espléndida gama de colores básicos para tu paleta.

Amarillo limón – mezclado con azul da colores verdes.

Ocre amarillo – mezclado con rojo da colores terrosos, como marrón y terracota.

Rojo bermellón – mezclado con amarillo da naranja y con azul da marrón.

Azul ultramar – mezclado con rojo da colores morados.

Azul Prusia o cobalto – mezclado con amarillo da colores verdes.

Rojo carmín – mezclado con azul da colores púrpura.

Ocre tostado – mezclado con azul da negro.

Blanco – mezclado con otros colores da tonos pastel.

Negro y gris

Pinturas oscurecidas usando el color negro

Mezcla de azul/ marrón, añadida al carmín.

Tampoco necesitas el negro para sacar gris.

Si usas el negro para oscurecer otras pinturas, te dará un tono apagado. Prueba a oscurecerlas con otros colores.

En vez del color negro, puedes usar una mezcla de azul ultramar y ocre tostado para oscurecer otros colores.

Para sacar un gris claro, mezcla azul con blanco y luego añade una pizca de amarillo y de bermellón.

Azules para pintar cielos

Azul y blanco

Bermellón y amarillo limón

Con un poco de naranja

Añadiendo más azul

Con un poco de blanco

Añadiendo mucho más azul, rojo y amarillo

Añade más blanco.

1. Mezcla blanco y azul cobalto en la paleta. Limpia el pincel. Mezcla algo de bermellón y amarillo limón para sacar naranja.

2. Añade un poco de naranja al azul que tienes mezclado. Mira el color que sale y prueba a añadir un poco de blanco.

3. Añade otros colores a la mezcla. Unos serán perfectos para un cielo despejado y otros para un cielo tormentoso.

Los tonos de la piel

Aplica unas pinceladas junto al recorte.

Trata de conseguir el tono más parecido

1. Busca fotos de caras en alguna revista. Recorta un cuadrado de cada una y pégalos en un papel.

2. Mezcla rojo con blanco y añade un poco de amarillo y azul hasta lograr un tono parecido.

3. Corta una foto por la mitad y pégala en un papel. Pinta la mitad que falta de los mismos colores.

Los verdes

Habrás notado que el verde no figura en la lista de los colores básicos. No hace falta que lo compres porque es fácil crear verdes de todo tipo mezclando otros colores.

1. Mezcla un poco de amarillo limón y azul cobalto para sacar un verde fuerte.

2. Después añade rojo en distintas cantidades para ver cuántos tonos verdes puedes conseguir.

Pinturas acrílicas

Las pinturas acrílicas son de color vivo y fáciles de mezclar. Puedes producir distintos efectos, según las apliques.

¿Cómo se usan?

Exprime unos pegotes de pintura en un plato viejo o en la paleta. Los puedes mezclar con agua o usarlos según salen del tubo. Lava bien los pinceles porque la pintura se vuelve impermeable al secarse.

Puedes usar la pintura sin mezclarla con agua.

O puedes añadir agua a la pintura para diluirla y hacerla más transparente.

Distintos efectos

Si usas la pintura directamente del tubo, intenta dar pinceladas cortas con un pincel plano.

Pinta un parche espeso y luego haz rayas en la pintura con un trozo de cartón.

Haz cortes en el borde de un trozo de cartón y pásalo por la pintura para crear surcos.

Haz espirales, marcando la pintura con el otro extremo del pincel.

Para dar un efecto entrecruzado, presiona con el borde de un cartón grueso en la pintura.

Para producir texturas, rasca la pintura con las púas de un tenedor de plástico.

Diluye la pintura en un poco de agua y haz líneas onduladas de distintos colores.

Haz bandas con pintura diluida. Una vez seca, haz otros dibujos con pintura espesa.

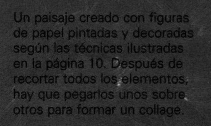

Un paisaje creado con figuras
de papel pintadas y decoradas
según las técnicas ilustradas
en la página 10. Después de
recortar todos los elementos,
hay que pegarlos unos sobre
otros para formar un collage.

¿Pintura espesa o diluida?

PAPEL GRUESO, TIPO PAPEL DE DIBUJO

La pintura acrílica se usa espesa, como sale del tubo o del bote, y diluida con agua para dar efectos distintos. Los papeles finos, como el de seda, se pegan a la pintura cuando se seca, porque tiene propiedades adhesivas.

En el ejemplo inferior el fondo está pintado con pintura diluida y el dibujo añadido con pintura espesa

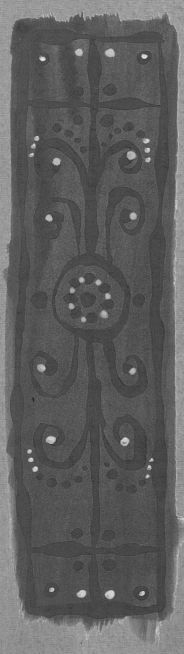

Cuadros escoceses con franjas verdes y blancas de pintura diluida y rayas violeta hechas con pintura espesa.

Aquí los cuadrados están trazados con pintura diluida y los motivos se han añadido con pintura espesa.

Cuadrados, líneas y puntos de pintura espesa

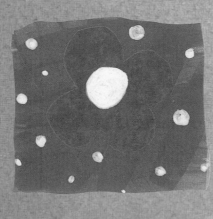

A la derecha, una flor morada de papel de seda con toques de pintura blanca espesa.

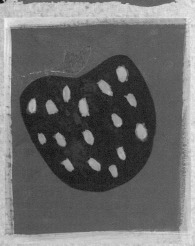

La fresa es de papel de seda recortado. Las pintas son de pintura blanca diluida.

Estampados con papel de seda

El papel de seda naranja y el rojo dan mejor efecto.

1. Diluye un poco de pintura y pinta la superficie de un papel por igual.

2. Recorta una figura en papel de seda. Fíjala sobre la pintura fresca.

3. Retira el papel de seda cuando haya pasado un minuto.

En este ejemplo, las franjas y los lunares son de pintura espesa.

Un corazón estampado en cada extremo.

Flor y hoja de papel de seda decoradas con pintura espesa.

Los detalles que completan el perro y los peces se hacen a rotulador una vez seca la pintura.

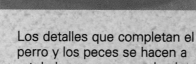

Corazón de papel de seda decorado con pintura espesa.

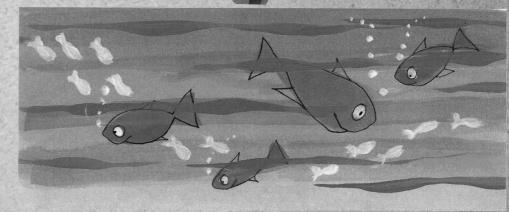

Dibujos y puntos

UNA LÁMINA DE PAPEL DE DIBUJO

Mezcla las pinturas en un recipiente de plástico.

1. Mezcla rojo y amarillo para obtener naranja. Luego añade azul para sacar marrón.

2. Pinta toda la hoja de papel con la pintura marrón. Usa un pincel grueso.

3. Una vez seca la pintura, haz una serpiente enroscada en negro que ocupe todo el papel.

4. Haz un círculo ocre amarillo en el centro de la serpiente y déjalo secar.

5. Corta en tres trozos una esponja plana humedecida. Ponlos en otros tres recipientes.

6. Unta un poco de pintura negra, blanca y ocre en cada uno de los trozos de esponja.

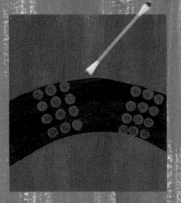

7. Moja el extremo de un palito en la esponja ocre. Haz líneas de puntos en la serpiente.

8. Utiliza otro palito para intercalar hileras de puntos de color marrón.

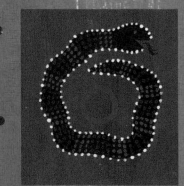

9. El contorno de la serpiente se marca con puntos blancos, dejando espacios iguales.

10. Dentro del círculo ocre, haz otros que te sirvan de guía para pintar más puntos blancos.

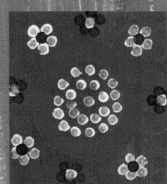

11. Pinta flores blancas y negras en torno al círculo ocre. Pon puntos ocres en el fondo.

12. Pinta flores alrededor de la serpiente. Rellena el fondo con puntos negros.

Técnicas con pegamento

UNA CARTULINA FUERTE

Una idea para dibujar con cola o pegamento, que deja líneas en relieve al secarse. Pinta tu obra con pintura acrílica dorada y frótala con betún negro para que parezca una antigüedad.

Necesitas un tubo de cola o pegamento de acetato de polivinilo (PVA) con aplicador.

Haz una prueba sobre periódico.

1. Si el pegamento es nuevo, corta la punta del aplicador y comprueba de qué grosor sale la línea.

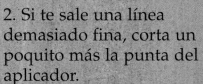

2. Si te sale una línea demasiado fina, corta un poquito más la punta del aplicador.

3. Haz un dibujo simple en la cartulina. Coloca el aplicador donde quieras empezar.

4. Repasa el dibujo con el pegamento, apretando el tubo suavemente para hacerlo salir.

5. Cuando llegues al final de una línea, levanta el tubo rápidamente para evitar que chorree.

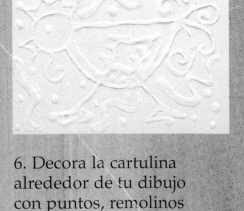

6. Decora la cartulina alrededor de tu dibujo con puntos, remolinos y serpentinas.

7. Pon a secar toda la noche. Píntalo en acrílico dorado y deja que se vuelva a secar.

8. Para darle un aspecto antiguo, frótalo con un trapo suave untado en betún negro.

Recorta la cartulina
de forma original
antes de decorarla.

Puedes hacer un
marco para un cuadro
o para una foto.

Estampados

CUALQUIER PAPEL

Sirve una postal o una tarjeta de felicitación vieja.

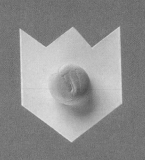

Extiende la pintura con el reverso de la cuchara.

Aprieta fuerte.

1. Dibuja una forma sencilla en un trozo de cartulina y recórtala.

2. Pega una bola de masilla detrás para poder manejar el estampador.

3. Pon pintura en un periódico y extiéndela con una cuchara.

4. Moja la cartulina en la pintura y estámpala en un papel.

Estampados decorativos

Experimenta con tu estampador haciendo hileras y uniendo los estampados.

Moja el estampador en la pintura cada vez que lo uses.

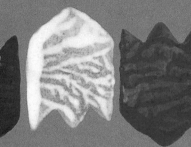

Estampados bicolores

Haz estampadores de formas diferentes y combínalos en tus creaciones.

Los estampados bicolores se hacen con dos pinturas.

Debes mojar el estampador donde se unen los colores.

Líneas rectas

1. Corta cartulina y cartones de distinto grosor en tiras finas.

2. Moja el borde del cartón en la pintura y estampa una línea.

El efecto que se consigue depende del grosor del cartón.

Cartulina

Cartón grueso

Cartón ondulado

Recorta un estampador con forma de pez. Haz estampados y ponles adornos con el borde de un trocito de cartón.

Líneas curvas

Moja el borde de una tira de cartón en pintura. Cúrvala al estampar.

Para hacer una espiral, estampa varias líneas curvas unidas en el centro.

Para hacer bucles, dobla la cartulina y sujétala con cinta adhesiva.

MÁS IDEAS EN LA PÁGINA SIGUIENTE

Más estampados

Gira este extremo.

Varios abanicos forman una flor.

1. Para hacer abanicos, moja en pintura el borde de la cartulina.

2. Gira la parte de arriba de la cartulina sin mover la parte de abajo.

Prueba a hacer todo tipo de diseños y de formas.

Con el borde de la cartulina haces el tallo y con un triángulo pequeño los pétalos.

Las flores como
ésta se hacen con
tres estampados
superpuestos.

Moja un bucle de cartulina
en pintura de dos colores
(ver páginas 18 y 19) para
hacer esta flor.

Pinturas preparadas y témperas

Estas son las mejores pinturas para hacer cuadros llamativos, aunque las témperas tienden a quedar más brillantes que las pinturas preparadas. Ambas se pueden diluir en agua.

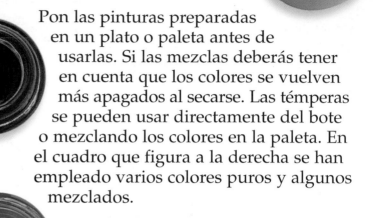

Pon las pinturas preparadas en un plato o paleta antes de usarlas. Si las mezclas deberás tener en cuenta que los colores se vuelven más apagados al secarse. Las témperas se pueden usar directamente del bote o mezclando los colores en la paleta. En el cuadro que figura a la derecha se han empleado varios colores puros y algunos mezclados.

Pinta en papel de dibujo grueso con estas pinturas, porque el papel fino se arruga.

Las témperas se venden en botes pequeños y son más caras que las pinturas preparadas.

Los dibujos de abajo llevan líneas en rotulador, añadidas una vez seca la pintura.

Impresiones con bandas elásticas

CARTÓN

1. Primero, haz un dibujo de trazos sencillos con un bolígrafo en un cartón grueso.

2. Aplica una capa espesa de cola o pegamento PVA sobre el cartón. Lava la brocha.

3. Corta una banda elástica gruesa en trozos y pégalos sobre las líneas principales.

4. Corta una banda elástica fina. Coloca los trozos sobre los detalles y pégalos bien.

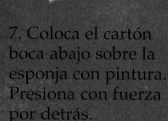

5. Corta una banda elástica ancha y plana en cuadritos. Decora con ellos el fondo.

6. Cuando se haya secado el pegamento pinta una esponja plana con pintura preparada.

7. Coloca el cartón boca abajo sobre la esponja con pintura. Presiona con fuerza por detrás.

8. Pon el cartón pintado sobre un periódico. Presiona el cartón bien por detrás y levántalo.

9. Haz varias pruebas como éstas antes de hacer tu creación definitiva sobre papel.

Prueba a hacer impresiones en papel de distintos colores.

Impresiones en papel de seda

Estas impresiones salen muy bien en papel de seda de colores vivos. Sigue las instrucciones.

1. Para hacer impresiones en papel de seda, presiona el cartón sobre la pintura.

2. Coloca el cartón pintado boca arriba en un periódico, con mucho cuidado.

Impresiones de varios colores en papel de seda.

3. Pon dos hojas de papel de seda encima, presiona con suavidad y levántalas.

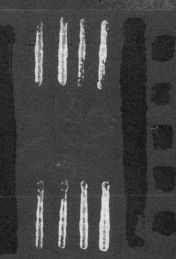

Usa bandas elásticas gruesas y finas para hacer una flor como ésta.

Para hacer una creación multicolor, pinta las bandas elásticas con distintos colores.

Pintura acrílica dorada sobre papel morado

... con las manos y cartulina

PAPEL DE COLORES CLAROS

En las páginas 28 y 29 puedes ver estas impresiones reproducidas en tamaño natural.

Necesitarás trapos para limpiarte las manos y estar cerca de un grifo para poder lavarte.

1. Para hacer el fondo, pinta un trozo de plástico transparente con pintura azul.

2. Coloca un papel encima y presiona ligeramente. Retira el papel y déjalo secar.

3. Para el caballito de mar necesitas dos colores. Pon la pintura sobre un periódico.

Moja este lado del puño.

4. Para hacer la cabeza, moja el puño como se ve en la foto. Deja la huella en el papel.

Moja este lado del puño.

5. Para hacer el cuerpo, moja los nudillos y coloca el puño de lado sobre el papel.

6. Moja el dedo meñique en la pintura hasta el nudillo. Pinta la trompa.

Aletas

Aquí empieza la cola.

7. Pinta tres aletas con el mismo dedo y haz otras tres marcas debajo del cuerpo.

8. Pon dos marcas con la yema del dedo al final de la trompa. Haz tres más en la cabeza.

Haz marcas cada vez más pequeñas.

9. Termina la cola pintando con la yema del dedo y haciendo una curva.

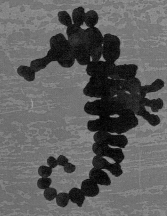

10. Moja la yema del dedo en color amarillo y haz el ojo. Déjalo secar y pinta el centro.

Cangrejos

1. Haz el cuerpo del cangrejo con el pulgar. Corta un trozo de cartulina de 3 cm de largo.

2. Moja el borde de la cartulina en la pintura y haz las patas. Curva la cartulina al pintar.

3. Con otro trocito de cartulina, pon pinzas en forma de V en las patas delanteras.

4. Pinta dos palitos y los ojos con el dedo. Deja secar y añade los dos puntos negros.

Peces abanico

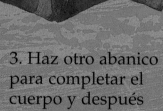

1. Moja el borde de una cartulina en dos o tres pinturas de distinto color.

2. Ponla sobre el papel y arrastra un extremo para pintar un abanico. Da vuelta al papel.

3. Haz otro abanico para completar el cuerpo y después uno más estrecho para la cola.

4. Imprime las aletas con cartulina. Cuando se seque la pintura, haz el ojo con el dedo.

Pececillos de colores

1. Moja la yema del dedo pulgar en pinturas de varios colores. Haz huellas en el papel.

2. Haz la cola con otro dedo. Moja la punta de un lápiz viejo en pintura y pinta el ojo.

En las páginas 26-27 figuran las instrucciones para hacer impresiones como éstas.

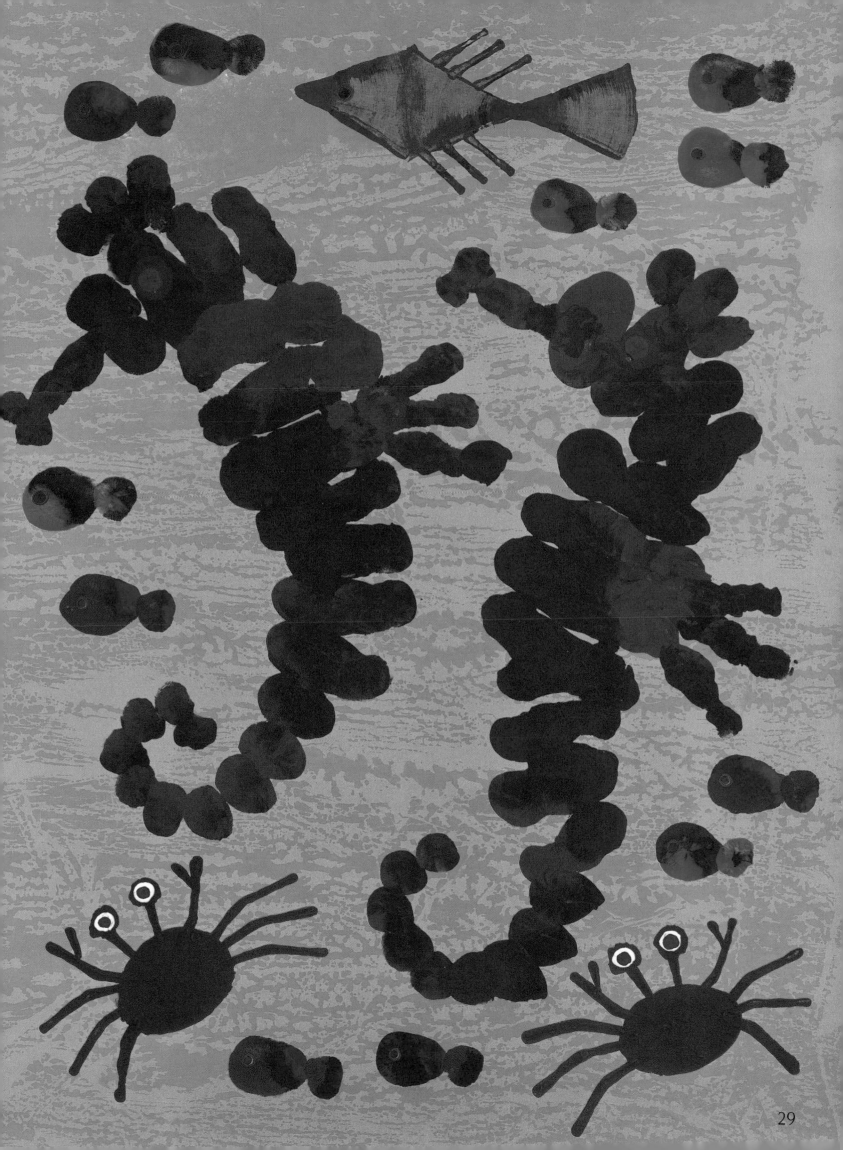

29

Técnicas de tapado y salpicado

UNA HOJA DE PAPEL DE COLOR Y OTRA BLANCA DE IGUAL TAMAÑO

1. Reserva el papel de color. Haz el contorno de tu dibujo en el otro papel y recórtalo.

2. Extiende varios periódicos al aire libre. Sujétalos por los bordes con unas piedras.

3. Pon el papel de color sobre los periódicos y la plantilla encima, sujeta con pesos.

4. Echa pintura preparada en un envase de yogur. Añade agua para diluirla.

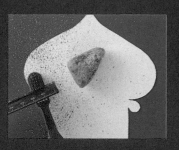  

5. Moja un cepillo de dientes en la pintura. Pasa una regla por las cerdas salpicando <u>hacia ti</u>.

6. Salpica pintura alrededor de la plantilla hasta que las motas sean bastante densas.

7. Retira la plantilla para que quede al descubierto el área sin salpicaduras. Deja secar.

8. Sombrea con pinturas pastel y añade las ventanas y los reflejos de luz en el agua.

Técnicas de arrastrado

CARTÓN GRUESO

1. Pon la pintura en un plato. Moja el borde de un trozo de cartón.

2. Pon el borde en el papel y arrastra el cartón hacia un lado sin levantarlo.

3. Vuelve a mojar el borde en la pintura y arrastra el cartón hacia ti.

4. Para hacer un rombo, arrástralo en diagonal hacia un lado.

Usa un trozo diferente de cartón para cada color.

Mantén el borde en vertical.

5. Haz zigzags arrastrándolo en diagonal hacia abajo y hacia arriba.

6. Para hacer ondas, arrástralo con un movimiento ondulado.

Puedes hacer un árbol con varias impresiones superpuestas de forma curva.

Tejados en zigzag

Haz los cisnes cuando se seque el agua.

Cisnes y patos

Ladrillos

Empieza aquí.

1. Moja el borde de un trozo de cartón en pintura y haz una línea.

2. Pon el borde algo más abajo y arrastra el cartón haciendo ondas.

3. Haz el pico y la cabeza con el borde de otro cartón.

Píntalos en hilera con un cartón estrecho en un tono más oscuro.

Para las colinas, pinta bandas onduladas arrastrando un cartón ancho. Hazlas superpuestas.

Papel de seda y pintura

Traza un cuadrado alrededor.

El dibujo sirve para guiarte.

1. Dibuja un pez con rotulador negro de punta gruesa en un folio blanco.

2. Calca las partes más importantes del pez en papel de seda de varios colores y recórtalas.

3. Corta un trozo de plástico transparente de una bolsa. Tiene que ser más grande que el dibujo.

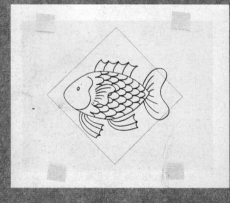

4. Coloca el plástico sobre el dibujo y sujétalo por los bordes con cinta adhesiva.

5. Pon cola o pegamento PVA en los recortes de papel de seda. Pégalos en su sitio sobre el plástico.

6. Corta o rasga tiras de papel de seda para decorar el fondo. Pégalas alrededor del pez.

7. Pega un cuadrado de papel de seda azul claro encima del cuadro. Deja que se seque.

8. Cuando el pegamento esté totalmente seco, separa el papel seda del plástico con cuidado.

9. Coloca el papel de seda encima del dibujo. Repasa las líneas con pintura negra.

Tu cuadro
se conservará
mejor si recortas
un marco y se
lo pegas por
detrás.

Estos cuadros
quedan muy bien
si los cuelgas en
una ventana.

Los secretos de los colores

¿Qué colores combinan bien? ¿Por qué hay colores que parecen saltar del papel y otros que armonizan con los que tienen cerca? En estas páginas vas a ver que el aspecto de un cuadro cambia según las combinaciones de colores.

Colores primarios

Existen tres colores que no se pueden obtener mezclando otros colores. Son el rojo, el amarillo y el azul, llamados colores primarios.

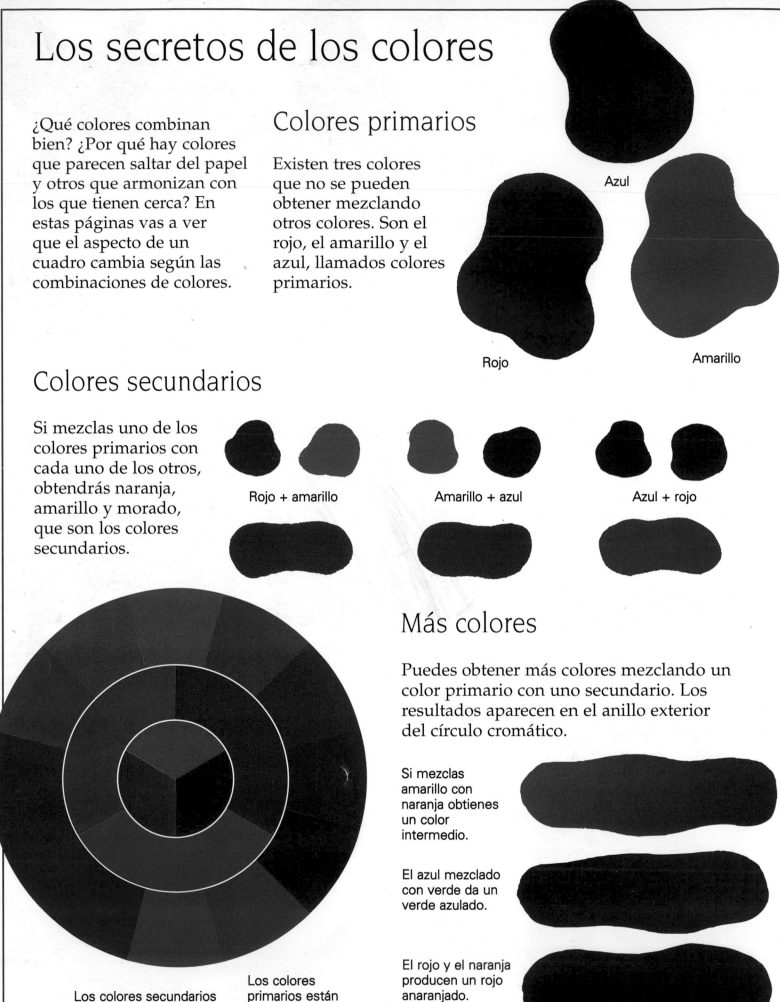

Azul

Rojo

Amarillo

Colores secundarios

Si mezclas uno de los colores primarios con cada uno de los otros, obtendrás naranja, amarillo y morado, que son los colores secundarios.

Rojo + amarillo

Amarillo + azul

Azul + rojo

Más colores

Puedes obtener más colores mezclando un color primario con uno secundario. Los resultados aparecen en el anillo exterior del círculo cromático.

Si mezclas amarillo con naranja obtienes un color intermedio.

El azul mezclado con verde da un verde azulado.

El rojo y el naranja producen un rojo anaranjado.

Los colores secundarios están en el anillo interior del círculo cromático.

Los colores primarios están en el centro del círculo cromático.

Colores armónicos

Los colores armónicos son los que aparecen seguidos en el anillo exterior del círculo cromático. El azul, el azul claro, el verde y el verde claro, por ejemplo.

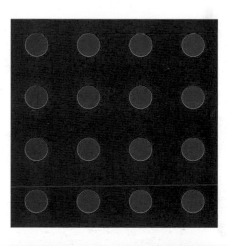

Ejemplos de agrupaciones de colores armónicos

Colores complementarios

Los colores situados en lados diagonalmente opuestos del círculo cromático son los colores complementarios, que contrastan mucho cuando están próximos.

Los colores complementarios "chocan" cuando los pintas juntos y te hacen parpadear.

Colores cálidos y fríos

Ciertos colores dan una sensación de calor, son los llamados colores cálidos; otros nos producen frío, son los llamados colores fríos. En un cuadro los colores cálidos son vivos y destacan más que los fríos.

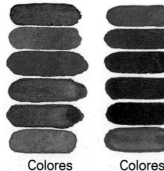

Colores
fríos

Colores
cálidos

Los colores fríos de esta pintura dan sensación de calma y frialdad.

El color y el tono

El tono de un color es lo claro o lo oscuro que resulta. Puedes pintar cuadros muy originales con varios tonos de un mismo color o cambiando la tonalidad de la obra.

El amarillo es el tono más claro.

El naranja también es un tono claro.

El verde es un tono medio.

El rojo es un tono medio.

Este círculo muestra los tonos de algunos colores.

El azul es un tono oscuro.

El morado es un tono oscuro.

Prácticas con los tonos

Intenta pintar todos los tonos posibles de un color. Empieza a partir del tono más claro y oscurécelo gradualmente. Te resultará más fácil practicar con pinturas acrílicas, témperas o pinturas preparadas.

Todos estos tonos se han conseguido al añadir un color al blanco.

Empieza con blanco. Añade una pizca de otro color.

Añade un poquito más de color hasta que consigas el tono oscuro.

Tonos claros y oscuros

La tonalidad de un cuadro puede cambiar su carácter. Los tonos claros producen un efecto sosegado, mientras que los oscuros dan sensación de vigor.

Compara el cuadro de arriba, pintado únicamente en tonos claros, con el de abajo, en el que se han empleado tonos oscuros.

Tonos similares

Aunque los colores sean diferentes, pueden compartir los mismos tonos. Te será más fácil ver las semejanzas entre los tonos en una fotografía en blanco y negro.

Compara los tonos de la fotografía en color y la fotografía en blanco y negro. Por ejemplo, el papel rojo y los cuadros azules tienen un tono similar.

Las flores tienen el tono más claro. Los cuadros morados tienen el tono más oscuro.

En esta fotografía en blanco y negro es más fácil distinguir los colores que tienen un tono similar.

Inversión de los tonos

Si inviertes el orden de los tonos, podrás lograr efectos increíbles. El amarillo pasa a ser el tono más oscuro y el azul resulta ser el tono más claro.

En el dibujo de la derecha se ha invertido el orden normal de los tonos. Por eso, las partes oscuras del dibujo han pasado a ser más claras.

El azul claro pasa a ser azul oscuro.

Las tintas

Las tintas son excelentes para las creaciones llamativas y alegres. Puedes aplicarlas con pincel, plumilla o pluma estilográfica. Son un medio idóneo para crear efectos decorativos resistentes con ceras (página 76) y pasteles al óleo.

Moja el pincel en la tinta o usa una pluma estilográfica. Las tintas se pueden diluir en agua.

Tinta sin diluir

Tinta diluida

Las tintas sobre pasteles al óleo y sobre ceras producen efectos decorativos resistentes.

Borrones de tinta

Humedece con una esponja un pliego de acuarela y echa encima unas gotas de tinta. Dibuja a rotulador o plumilla cuando se seque el papel.

Prueba a hacer los borrones muy juntos y deja que los colores se corran.

Bandas

Los colores cambian al cruzarse.

1. Pinta bandas de colores sobre papel seco. Hazlas de distinta anchura.

2. Cuando se haya secado la tinta, pinta bandas en sentido contrario.

Árboles fantasmagóricos

1. Pinta un fondo a la acuarela (ver página 48) y espera a que se seque.

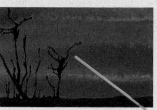

2. Pinta una línea negra y sopla la tinta con una pajita para hacer los árboles.

La técnica del rascado

1. Dibuja una serie de formas a lápiz por toda la hoja de papel.

2. Repite las formas haciendo otra línea junto a la que tienes dibujada.

3. Rellena los espacios con pasteles al óleo sin atravesar las líneas.

4. Pinta todo el papel con tinta negra de dibujo y deja que se seque.

Rasca la tinta con la punta de un destornillador.

5. Rasca la tinta haciendo rayas para revelar el color de debajo.

6. Decora con rayados distintos cada una de las formas.

¡Atención!

Cúbrete la ropa cuando pintes con tintas porque manchan mucho. Tampoco te olvides de lavar los pinceles y las plumillas.

Aguadas con tinta china

PAPEL BLANCO GRUESO

Los pinceles de pelo suave acabados en punta son los más indicados para este tipo de dibujos. Los que se emplean para hacer caligrafía china o japonesa son ideales.

Usa un pincel suave acabado en punta.

La aguada

Para los dibujos de estas páginas necesitas tres tonos de tinta china. Usa la tinta directamente del tintero o corta el extremo de un cartucho.

Pon agua en un recipiente pequeño y añade unas gotas de tinta para hacer la aguada.

Para hacer una aguada de tono medio, añade más gotas de tinta a otro recipiente con agua.

Tinta sin diluir. Usa la tinta tal como sale del tintero o echa en un recipiente la de un cartucho.

Bambú

Practica en borradores antes de hacer el dibujo completo.

Pinta con el pincel colocado a lo ancho.

No hay que volver a mojar el pincel.

Empieza con la punta del pincel sin apretar; después presiona un poco más.

1. Moja el pincel en la aguada. Sécalo un poco en una toalla de papel y pinta una sección del tallo.

2. Pinta otras dos secciones encima de la primera, dejando espacios entre ellas.

3. Dibuja las ramas que salen del tallo con aguada de medio tono y la punta del pincel.

Usa tinta sin diluir.

Presiona poco.

4. Añade más ramitas a los tallos, dejando espacios entre unas y otras.

5. Empieza la hoja con la punta del pincel, presiona más en el centro y menos al final.

6. Con tinta sin diluir y la punta del pincel, haz la hierba y los trazos entre las secciones del tronco.

Pájaros

Empieza las líneas con la punta, sigue apretando más y luego menos.

1. Usa pintura sin diluir y la punta del pincel para hacer el pico. Añade el cuello y el cuerpo.

Haz líneas de distinta longitud.

2. Ahora pinta la cabeza, el ojo y la línea para el dorso. Añade una rama debajo del cuerpo.

3. Para la cola, pinta varias líneas unidas al cuerpo.

Aguadas de color

PAPEL PARA ACUARELA O DE DIBUJO

Los dibujos de estas páginas están hechos con tres tonos de tinta. Pinta las partes principales y luego añade los detalles con un pincel muy fino o con plumilla. Primero prepara la aguada según las instrucciones de la página 42.

Insectos

1. Para el cuerpo usa tinta de tono medio. Añade las alas con aguada.

2. Pinta la cabeza, los ojos, las antenas y las patas con tinta sin diluir.

Peces

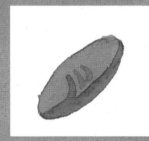

1. Haz una forma de pez sencilla con tinta muy aguada.

2. Pinta la cabeza, las agallas y la parte inferior del pez con tinta de tono medio.

3. Usa tinta sin diluir y pincel fino o plumilla para dibujar el contorno.

4. Añade el ojo, la boca, las aletas y la cola con tinta sin diluir.

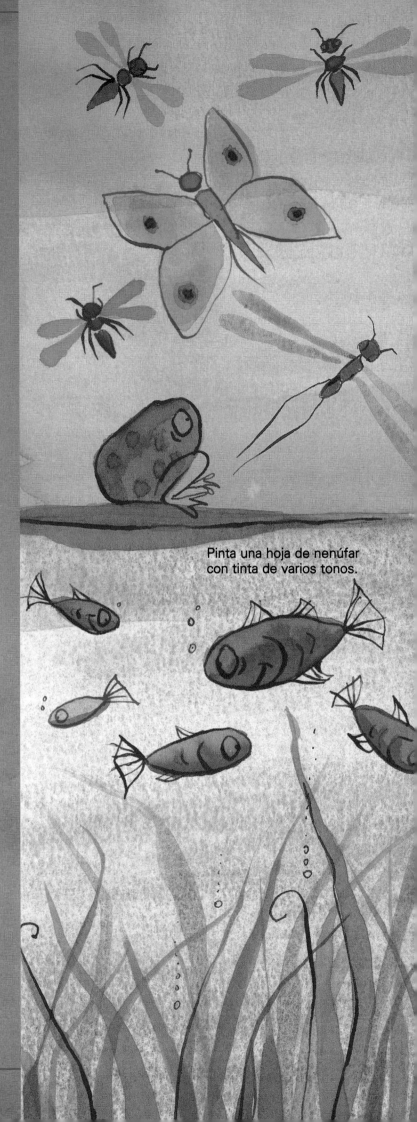

Pinta una hoja de nenúfar con tinta de varios tonos.

Si quieres hacer un fondo como éste para tu cuadro, píntalo con acuarelas (ver página 48) y déjalo secar antes de añadir los dibujos.

Pinta los juncos con un pincel fino.

Ranas

1. Pinta la forma para el cuerpo de la rana con tinta muy aguada.

2. Pinta una franja más oscura con la punta del pincel en tinta de tono medio.

3. Antes de que se seque el cuerpo, añade manchas en tono medio.

4. Con tinta sin diluir, pinta el ojo, el contorno del cuerpo y las patas.

45

Las acuarelas

Con las acuarelas se consiguen colores de gran transparencia. También son las pinturas que mejor reproducen el cielo y el agua.

Presentación

Las acuarelas se venden en tubo o en bloques secos, llamados pastillas. Las pastillas son fáciles de usar y más económicas.

La acuarela de tubo es bastante espesa. Mézclala con agua en la paleta.

Estuches de acuarelas con pastillas o medias pastillas. Los colores se pueden comprar por separado.

Medias pastillas de acuarela

El papel para acuarela

Hay papel para acuarela de diferente grano y grosor. Se vende en papelerías y tiendas de material de arte por pliegos sueltos, en blocs y en cuadernos de espiral.

El grosor del papel viene indicado por su peso. Te conviene comprar papel de 190 g como mínimo, para que no se arrugue demasiado cuando pintes.

El papel en blocs suele tener los bordes pegados. Desliza un cuchillo sin filo con cuidado por una abertura para separar las hojas.

El papel de tipo granulado es el más rugoso al tacto.

El papel prensado al calor, o alisado, es el que tiene la superficie más lisa.

El papel sin prensar, o prensado en frío, tiene un tacto semirrugoso.

Un bloc de papel para acuarela

La mayoría de las acuarelas que figuran en este libro se han pintado en papel sin prensar.

Cómo mezclar las acuarelas

Si usas acuarelas de tubo, mézclalas como las pinturas acrílicas. Lee las instrucciones en la página 10. Los pasos siguientes te enseñan a mezclar acuarelas de pastilla con agua y otros colores.

1. Moja el pincel en agua. Pásalo por una toalla de papel o un trapo para evitar que chorree.

2. Recoge color moviendo el pincel sobre la acuarela hasta que el pelo se cubra de pintura.

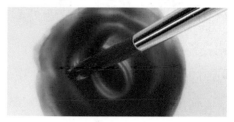

3. Pasa la pintura a la paleta y repite los mismos pasos para reunir más cantidad de color.

4. Enjuaga el pincel, pásalo por el trapo y mójalo en el color que quieras mezclar.

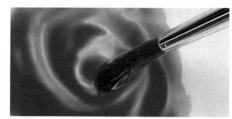

5. Mezcla esta pintura en la paleta con el primer color. Repite hasta que consigas el tono deseado.

El color de la acuarela es más oscuro mientras está húmeda. Al secarse se aclara.

Azul Prusia

Todos estos colores se han conseguido mezclando azul Prusia con carmín.

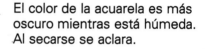

Si quieres mucha cantidad de un color, pon un poquito de agua en un recipiente y utilízala para mezclar la pintura.

Carmín

47

Prácticas con acuarelas

PAPEL PARA ACUARELA

Las acuarelas se pueden utilizar de muchas maneras. Practica las técnicas que te proponemos en trozos sueltos de papel para acuarela.

Fondos a la acuarela

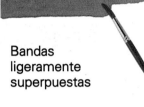

Bandas ligeramente superpuestas

1. Mezcla la pintura en un recipiente. Necesitas suficiente cantidad para cubrir todo el papel.

2. Con un pincel grueso, pinta una banda ancha en el borde superior del papel.

3. Antes de que se seque la primera banda, pinta otra debajo ligeramente superpuesta.

4. Continúa pintando bandas hasta que hayas cubierto todo el papel.

Aclarados

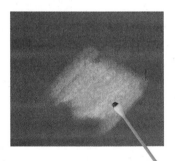

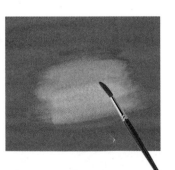

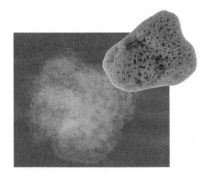

Aclara algunas zonas quitando pintura antes de que se seque con un palito de algodón.

Haz aclarados con un pañuelo de papel estrujado. El efecto es distinto.

También puedes usar un pincel limpio. Primero sécalo en una toalla de papel.

Prueba con una esponja limpia. Se obtienen aclarados con textura.

Efectos sobre papel húmedo

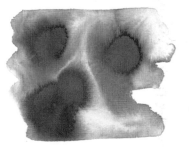

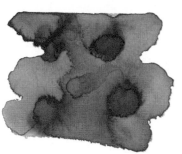

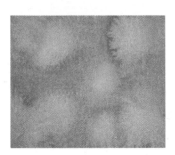

Prepara el papel humedeciéndolo con una esponja o un pincel grueso. Pinta borrones de acuarela.

Haz lo mismo con dos colores. Las dos acuarelas se extenderán hasta unirse.

Pinta un fondo de un color. Antes de que se seque, pinta una franja de otro color.

Pinta un fondo. Echa unas gotas de agua limpia encima y deja que se extiendan.

Combinaciones de color

1. Humedece la superficie del papel con una esponja limpia.

2. Mezcla dos acuarelas de distinto color en un plato.

3. Pinta un fondo con uno de los colores en un tercio del papel.

4. Da vuelta al papel sin levantarlo y pinta un segundo fondo con el otro color.

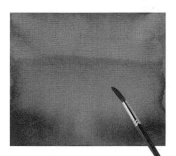

5. Da pinceladas horizontales para matizar la unión entre los dos tonos.

Prueba a incorporar un tercer tono.

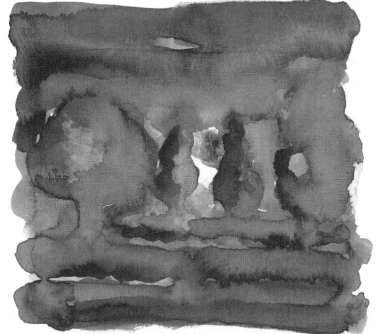

Acuarela hecha con combinaciones de color (el cielo) y efectos sobre papel mojado (los árboles).

Acuarelas sobre papel húmedo

PAPEL PARA ACUARELA

Antes de pintar la acuarela que te proponemos aquí, practica la técnica varias veces en borradores.

La pintura se extiende.

1. Empieza por poner tres colores de acuarela en la paleta o el plato.

2. Humedece el papel con agua. Usa una esponja o una brocha.

3. Da pinceladas cortas y ligeras de acuarela sobre el papel húmedo.

Experimenta con diferentes combinaciones de colores.

Amarillo limón, azul cobalto y verde

Deja correr el segundo color sobre el primero.

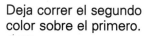

4. Humedece otro papel y pinta con dos colores de acuarela.

5. Practica con tres acuarelas y deja que se corran los colores.

Canal y molinos de viento

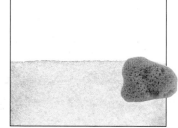

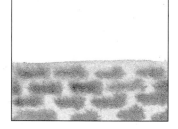

1. Mezcla en el plato dos tonos distintos de acuarela azul y un verde.

2. Humedece la mitad inferior del papel con una esponja o un pincel.

3. Da pinceladas cortas con uno de los azules por la parte humedecida.

4. Da pinceladas con el otro azul y con verde. Deja que se extiendan.

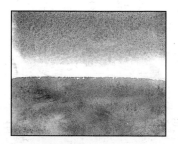

5. Moja el papel por arriba. Pinta un fondo azul claro para el cielo.

6. Una vez seca la acuarela, pinta la franja verde y los molinos.

7. Haz las aspas de los molinos con la punta de un pincel fino.

8. Pinta la hierba del frente en verde y añade tulipanes rojos.

En estos temas a la acuarela se pintó primero el mar, seguido del cielo. Una vez seco el fondo, se añadieron los detalles.

Dibujos de agua

PAPEL PARA ACUARELA O PAPEL GRUESO DE DIBUJO

Otra idea que demuestra cómo se extienden las acuarelas sobre papel húmedo.

Antes de empezar, mezcla una pizca de acuarela azul con un poco de agua para que resulte fluida.

El color se extiende hasta el contorno.

1. Haz el contorno de un dibujo simple con la acuarela azul y rellénalo con una pincelada de agua.

2. Mezcla otros colores. Pon una mancha de color en el dibujo antes de que se seque.

3. Añade manchas de más colores para que se corran. Deja el dibujo sobre una mesa mientras se seca.

Primero pinta el tronco del árbol y luego las hojas.

Pinta las antenas de la mariposa con un pincel fino.

Usa verdes y azules
para las hojas bajas.
Pinta las de arriba con
rojo, amarillo y naranja.

53

Acuarelas sopladas

PAPEL GRUESO DE CUALQUIER TIPO

Los colores se mezclan.

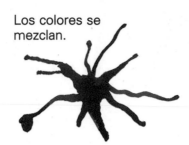

1. Mezcla dos colores con agua hasta que queden bastante líquidos.

2. Haz dos manchas muy próximas en el papel con los dos colores.

3. Pon una pajita cerca de donde se unen los colores y sopla con fuerza.

4. Al soplar, guía la acuarela hacia fuera para lograr el efecto ilustrado.

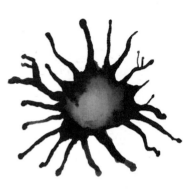

5. Continúa soplando más acuarela hacia los lados.

6. Seca un poco el centro con la esquina de un trapo húmedo.

7. Da más pasadas, enjugando pintura, para ir creando la forma de un rostro.

8. Una vez seco, pinta los ojos en el rostro con un pincel fino.

9. Pinta las cejas y la nariz. Añade los labios y unas orejas de duende.

Elige acuarelas que contrasten. Por ejemplo: azul y verde; rojo y naranja; rojo y morado.

Cielos a la acuarela

PAPEL PARA ACUARELA

La acuarela es un buen medio para pintar el cielo y las nubes. Experimenta con algunas de las ideas que hay en esta página antes de pintar un cuadro. Con los distintos tonos de azul podrás sugerir cielos muy diferentes.

Cielo con nubes

1. Humedece el papel con la esponja o el pincel y pinta un fondo azul cobalto.

2. Haz nubes de algodón absorbiendo color con la punta de un pañuelo de papel.

Cielos de todo tipo

Pinta un fondo con dos tonos de azul para un cielo cargado.

Pinta un fondo amarillo y naranja.

Cuando se haya secado, añade los árboles.

Para hacer nubarrones, absorbe color y pinta una franja más oscura en la base de la nube.

Pinta un fondo morado y absorbe color con el pincel y un pañuelo de papel.

Cielos tormentosos

Sigue estos pasos para aprender a pintar un cielo tormentoso.

Necesitas azul Prusia, ocre tostado y ocre amarillo para pintar esta acuarela.

1. Humedece el papel con una esponja limpia o un pincel grueso.

2. Haz un gris oscuro mezclando el azul Prusia y el ocre tostado.

3. Mancha la parte superior del papel con el color gris oscuro.

 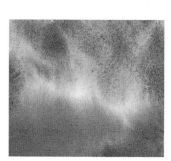  

4. Añade unos toques de ocre amarillo con la punta del pincel.

5. Mezcla tonos verdes (ver página 9). Añádelos en la parte inferior.

6. Sigue añadiendo tonos verdes. Deja que se corran con el gris del cielo.

7. Deja secar el cielo ligeramente y pinta un castillo en gris (paso 2).

Pinturas de sal

PAPEL PARA ACUARELA

La sal espolvoreada sobre las acuarelas absorbe el color y cuando se seca produce un efecto granulado.

Pinta la acuarela rápidamente, para que esté húmeda al espolvorear la sal.

1. Pinta la ballena y el mar de franjas, dejando espacio entre cada color.

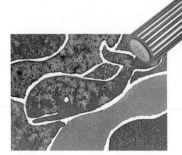

2. Espolvorea sal por todo el papel antes de que se seque la acuarela.

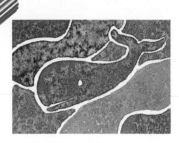

3. La acuarela absorbe la sal al secarse. Deja que se sequen ambas.

4. Sacude la sal sobrante. Puedes limpiar el resto o dejar algo.

Pinta alguna cosa más alrededor de la ballena. Haz dibujos simples.

En esta acuarela se ha dejado la sal para dar al tema una apariencia granulada.

Brillos y reflejos

Los brillos dan vida a lo que pintas y reflejos realistas a las cosas metálicas y de cristal. Aquí se explican dos modos de añadirlos a tus obras. Cuando pintes a la acuarela, haz los brillos reservando espacios blancos en el papel.

Al añadir brillos en el ojo de este pájaro, el efecto es más realista.

El blanco del papel

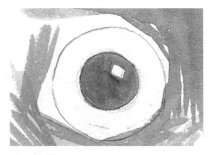

1. Haz dos círculos. Pinta el del centro dejando un rombo en blanco. Da pinceladas alrededor del otro círculo.

2. Pinta el contorno del ojo en color más oscuro. Repasa el círculo central, dejando otro espacio sin pintar cerca del anterior.

3. Pinta el ojo en color naranja. Añade líneas debajo en gris azulado para dar forma a la cuenca del ojo.

Toques blancos

1. Dibuja a lápiz el cuerpo de un robot. Repásalo con pintura negra.

2. Añade pintura blanca a la negra. Pinta líneas en las distintas piezas.

3. Añade más pintura blanca y rellena las piezas según el ejemplo.

4. Lava bien el pincel y pinta un trazo blanco en cada pieza.

Puedes añadir blanco a cualquier color para crear brillos.

El fondo está pintado con pintura acrílica muy aguada. Se añadieron los robots una vez seca la pintura.

La perspectiva

Pintar con perspectiva es reproducir las cosas tal y como las ves. Por ejemplo, cuanto más lejos están los colores, más apagados parecen. Practica con los temas de estas páginas en un papel grueso, usando la pintura que quieras.

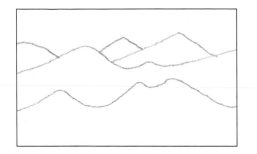

1. Dibuja las colinas a lápiz, empezando por la más cercana.

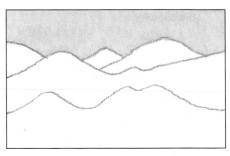

2. Mezcla un poco de azul y una pizca de rojo con agua. Pinta el cielo.

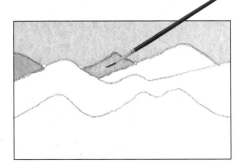

3. Añade algo más de azul a la mezcla y rellena las colinas más lejanas.

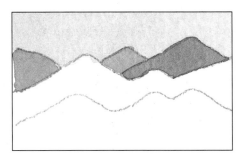

4. Añade más azul y rojo para oscurecer la pintura. Pinta la colina siguiente.

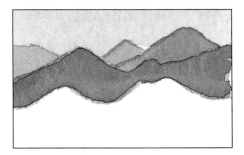

5. Continúa añadiendo más azul y rojo según vas pintando el resto.

Una acuarela con perspectiva, pintada en papel para acuarela

En este cuadro, primero se pintaron las casas, el mar, la cortina y las colinas. El marco de la ventana y el gato fueron añadidos una vez seca la pintura.

Las tizas pastel

Las tizas pastel son muy suaves y
sueltan el color con facilidad. Por eso
dan acabados muy buenos al mezclar
y matizar los colores.

Toma la tiza como
si se tratara de un
lápiz y haz líneas
en zigzag con la
punta.

Coloca la tiza de
lado en el papel.

También puedes
colorear con el lado
de la tiza. Pártela
en dos y quítale la
etiqueta.

Mezcla de los colores

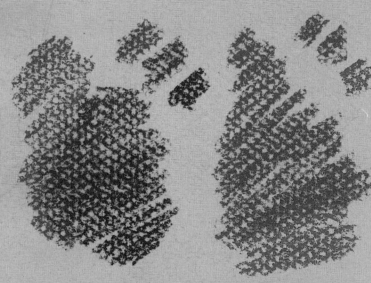

Mezcla los colores
haciendo trazos,
uno encima de
otro, con distintas
tizas pastel.

Experimenta
con el orden en
que usas las tizas.
¿Consigues colores
diferentes?

Combinaciones de color

1. También las
puedes combinar.
Dibuja trazos
superpuestos de
distinto color.

2. Y pasa el dedo
por encima para
difuminar los
colores y producir
un efecto matizado.

Si no quieres
mancharte los
dedos, puedes
usar palitos con
punta de algodón.

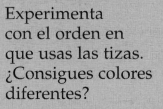

Gradaciones tonales

Colores discontinuos

   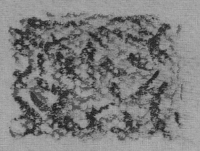

Los colores se mezclan en el centro.

1. Con la tiza plana y empezando por arriba, haz trazos horizontales en el papel.

2. Sigue con otra tiza y haz algunos trazos superpuestos con el primer color.

1. Empezando en el medio, da toques cortos con un color en torno a un punto central.

2. Ahora rellena algunos de los espacios vacíos con más toques en otros colores.

Cuadros de puntos

   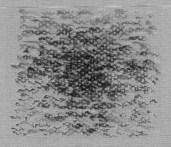

1. Con la punta de la tiza, dibuja un sol de puntos color naranja y rojo.

2. Dibuja una línea de puntos en azul claro y oscuro cruzando el sol.

3. Haz puntos color amarillo y naranja alrededor del sol. Pon más por el cielo.

4. Pinta el cielo y el mar con varios tonos de azul, más unos toques rosa.

Papel para pintar al pastel

Se logran efectos muy buenos al pastel dibujando en papel de color, y aún mejores si el papel tiene algo de grano o es ligeramente rugoso.

Este papel, llamado Ingres, se vende en papelerías y tiendas de material de arte.

El papel negro da un buen contraste.

El papel de estraza sirve y es barato.

Fantasía para paisaje al pastel

PAPEL DE DIBUJO

1. Dibuja dos bandas curvas con tiza pastel de color negro.

2. Colorea con pastel azul oscuro el espacio entre las bandas.

3. Añade una banda de color amarillo y otra azul oscuro.

4. Pinta por arriba trazos diagonales en negro y azul ultramar.

5. Da pasadas en blanco sobre las bandas negras para agrisarlas.

6. Difumina los colores con el dedo o con un palito (ver página 64).

7. Tendrás que lavarte las manos o usar varios palitos, porque se ensuciarán.

8. Dibuja una línea gris de lado a lado. Pinta franjas rojas y amarillas encima.

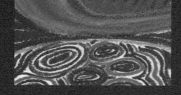

9. Dibuja círculos de varios tamaños y líneas onduladas en primer término.

El papel protege lo que has coloreado.

10. Coloca un trozo de un papel que no te sirva en la parte inferior del cuadro.

11. Dibuja lunas y estrellas en el cielo y difumina los colores.

12. Haz nubes en el horizonte con gris o una mezcla de negro y blanco.

13. Con una tiza amarilla pon unos brillos ondulados en cada nube.

14. Difumina los dibujos cercanos, pero sin retocar las nubes.

Más técnicas con tizas pastel

Aquí se demuestran otras dos técnicas para mezclar colores con tizas pastel. No hace falta difuminar los colores, porque se mezclan por superposición en ambos casos.

Experimenta con todo tipo de formas, motivos y colores.

Ten en cuenta que el color del papel hará variar el tono que den las tizas.

Los bloques

Usa un lado de la tiza para colorear espacios grandes. Esta técnica se llama bloqueado. A continuación, aplica por encima otro color de tiza pastel.

Los sombreados

Pinta con el extremo de la tiza varias capas de trazos cortos en diagonal. Ensaya con varias combinaciones de color.

Haz los trazos en la misma dirección.

Prueba un sombreado sobre un bloque de color.

Un paisaje

1. Pinta un cielo turquesa en bloque con el lado de la tiza. Deja huecos para los árboles.

2. Añade manchas azul pálido al cielo y unos toques azul oscuro por la parte superior.

3. Haz las copas de los árboles con tizas de color rojo, amarillo y naranja, arrastradas de lado.

4. Da sombreado a las copas de los árboles con varios colores y deja que se unan.

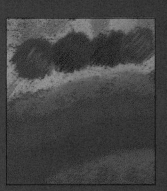

5. Añade franjas en verde, amarillo y naranja debajo del cielo, pintando con las tizas planas.

6. Sombrea las franjas del campo con trazos más largos en primer término.

7. Traza una línea negra con la punta de la tiza bajo los árboles. Haz los troncos y ramas.

Los pasteles al óleo

Los pasteles al óleo son luminosos, no emborronan tanto como las tizas pastel y resultan más cómodos de utilizar. Con los pasteles al óleo y con las tizas pastel puedes hacer creaciones muy similares.

Un papel con algo de grano es el mejor para pintar con pasteles al óleo, igual que para las tizas pastel.

Prueba a hacer trazos cortos en una dirección con distintos colores.

Pon las barras de lado para colorear zonas grandes. Quita antes la etiqueta y pártelas en dos.

Haz montones de trazos superpuestos de distinto color.

El pastel al óleo blanco destaca mucho sobre papel de color fuerte.

Se pueden usar en papel negro, pero los tonos de los óleos cambiarán algo.

Mezcla de los colores

Mezcla los colores pintándolos uno sobre otro (como en el tigre de la página de al lado). Los colores se combinan muy bien.

Los pasteles al óleo pintan muy bien en papel de dibujo y papel de estraza.

Un tigre camuflado

1. Dibuja una línea recta color morado en el tercio superior del papel.

2. Pinta montañas encima de la línea y un cielo azul claro y blanco.

3. Rellena zonas de las montañas en color gris para dar sensación de lejanía.

4. Colorea el resto del papel en color naranja, colocando la tiza de lado.

5. Ahora dibuja el contorno de un tigre en primer término.

6. Haz los dibujos del pelaje en pastel negro, naranja, amarillo y blanco.

7. Combina las marcas negras que queden superpuestas con otros colores.

8. Dibuja hierba muy alta delante del tigre en color verde y marrón.

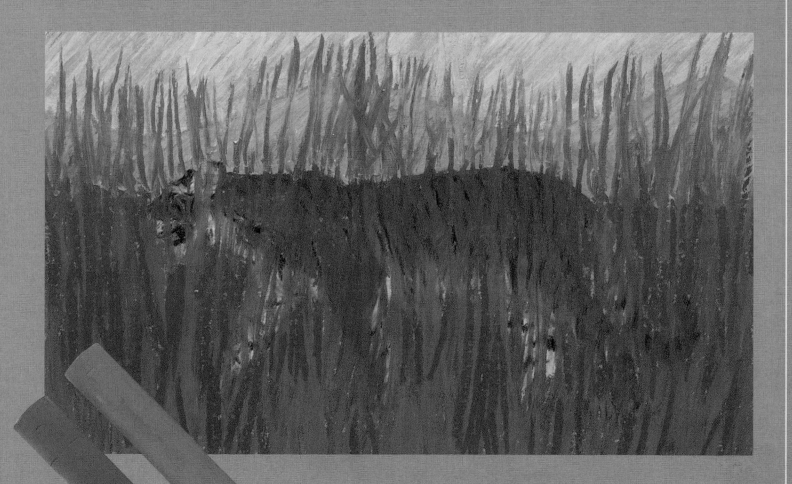

Colores y cenefas

Los pasteles al óleo tienen un colorido muy atractivo y luminoso. Experimenta con sus posibilidades pintando varios colores, uno junto a otro, para ver cómo resultan.

El mismo cuadrado azul resulta más vivo rodeado de amarillo que de gris.

El mismo color verde parece más fuerte rodeado de rojo que de gris.

Experimentos con los colores

Pinta colores cálidos, uno al lado del otro.

Prueba con colores fríos, como los verdes y los azules.

Alterna tiras finas y anchas de colores fríos y cálidos.

Experimenta juntando colores pálidos y fuertes.

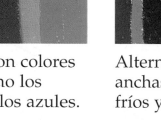

Prueba con azul oscuro, morado y marrón.

Pinta tiras alternas de colores claros y oscuros.

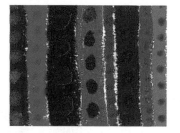

Pinta lunares de diferentes tamaños por las tiras.

Dibuja palotes o zigzags en algunas de las tiras.

Una idea para una tarjeta

1. Dibuja un rectángulo grande en morado y otro dentro en naranja.

2. Haz triángulos amarillos entre los dos. Colorea el borde en verde.

3. Marca la silueta de los triángulos en verde oscuro. Añade puntos rojos.

4. Pinta unas estacas rojas y añádeles una línea morada.

5. Dibuja el cuerpo de un gallo marrón. Deja un círculo blanco para el ojo.

6. Haz el pico, las plumas y la cresta. Coloréalos y pon rayas en las patas.

7. Pinta el cielo. Pon sombras en azul oscuro y morado por los bordes.

8. Añade unas líneas negras al cuerpo. Dibuja el ojo y la pupila.

Efectos con pasteles al óleo

CUALQUIER PAPEL BLANCO

Vitrales de colores

 Si quieres, dibújalo primero a lápiz.

 Aprieta bien.

1. Dobla el papel por la mitad y vuelve a abrirlo. Dibuja media mariposa en pastel negro.

2. Vuelve a doblar el papel. Pasa por el pliegue el asa de unas tijeras, apretando bien.

3. Desdobla el papel y repasa con pastel negro las líneas calcadas de la otra mitad de la mariposa.

4. Dibuja un fondo de hojas. Pinta las secciones entre las líneas con tintas de colores.

Contornos de tinta

Deja un hueco entre cada sección.

1. Sigue los pasos 1-3 de la página 74, pero dibuja la mariposa a lápiz. Colorea las secciones con pasteles al óleo.

2. Pinta toda la superficie con una tinta de color vivo. Así cubrirás los huecos entre las secciones coloreadas.

3. Haz los detalles de las alas de la mariposa y de las hojas rascando la pintura con la punta de un destornillador.

Las ceras

Las ceras tienen muchas aplicaciones. A partir de una cera puedes conseguir montones de tonos, según lo que aprietes al aplicarla. Puedes mezclarlas para crear colores y también puedes hacer calcos y conseguir efectos decorativos resistentes.

Una muestra de los tonos que puedes conseguir según aprietes más o menos la cera.

Puedes mezclar los colores, pero no se combinan tan bien como los de las tizas o los de los pasteles al óleo.

Estrellas a la cera con baño de acuarela

Aprieta fuerte.

1. Dibuja estrellas por todo el papel usando dos colores en cada una. Añade estelas de cometa.

2. Prepara bastante acuarela azul oscuro en un recipiente. No debe quedar demasiado aguada.

3. Aplica la acuarela con pinceladas horizontales por todo el papel. La cera es resistente a la pintura.

Un ave fabulosa

1. Dibuja un pájaro grande a lápiz y sin apretar, para que las líneas no se marquen.

Mira dónde van las líneas blancas en el dibujo grande.

2. Pinta las plumas de la cabeza, del cuerpo y la cola con cera blanca y también las líneas de las dos patas.

3. Prepara un poco de acuarela naranja en un recipiente y pinta todo el papel.

4. Pinta los detalles del cuerpo y la cabeza con un pincel fino en color granate.

5. Da más toques de color granate en el plumaje para resaltar los detalles.

6. Pinta alrededor del ojo, del pico y las patas. Añade las rayas.

Calcos resistentes con ceras

PAPEL DELGADO Y RESISTENTE

1. Parte una cera por la mitad y quita el papel protector que la envuelve.

2. Coloca el papel sobre un cartón ondulado o sobre una superficie de textura rugosa.

3. Frota la cera de lado en el papel y calca el dibujo y la textura del cartón inferior.

4. Pinta encima de lo que has calcado con acuarela u otro tipo de pintura en color que contraste.

5. Haz más calcos con otros colores y sobre una variedad de superficies.

6. En otra hoja de papel, dibuja una serie de casas con distintos tejados y fachadas.

7. Corta los calcos en tiras. Pega tres o cuatro trozos para hacer cada casa.

8. Con cera de color negro, haz las ventanas, las puertas, las tejas y los ladrillos.

Más efectos resistentes

PAPEL GRUESO

1. Dibuja una cenefa con ceras de colores vivos cerca del borde inferior del papel.

2. Dibuja edificios en otros colores. Añade muchas ventanas, torres y cúpulas.

3. Añade árboles y palmeras. Pinta con ceras de colores vivos los tejados y fachadas.

4. Pinta todo el papel con un tono oscuro de pintura preparada o de témpera.

5. Con un paño húmedo y arrugado, quita parte de la pintura aplicada en los dibujos a la cera.

6. Cuando se seque, haz dibujos y sombreados en las ceras, rascándolas con la uña.

Efecto de craquelado con ceras

PAPEL DELGADO O PAPEL PARA ESCRIBIR A MÁQUINA

El craquelado con ceras es otra técnica decorativa resistente. Sale mejor si el dibujo ocupa todo el papel.

Cuando arrugas el papel (ver paso 3), aparecen grietas por las zonas coloreadas a la cera. La tinta se cuela por ellas y se consigue el efecto de craquelado.

1. Dibuja una flor en una maceta con ceras. Colorea apretando bien.

2. Colorea el fondo con otra cera. Aprieta bien y no dejes nada en blanco.

3. Arruga el papel, desde las esquinas hacia dentro, pero sin rasgarlo.

4. Extiende el papel y vuélvelo a arrugar. Así se agrietará más.

5. Alísalo y píntalo todo con pintura preparada oscura, o témpera.

6. Asegúrate de que la pintura ha cubierto todas las grietas.

7. Aclara ambos lados del papel bajo el grifo. Deja escurrir y secar.

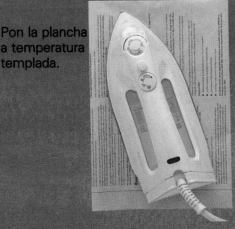

Pon la plancha a temperatura templada.

8. Si el papel está muy arrugado, plánchalo entre dos periódicos.

Fondos decorativos

Muchas de las páginas de este libro
llevan fondos decorativos. Aquí te
explicamos cómo fueron creados
y te ofrecemos más ideas.

Este diseño se
consigue con
gotas de tinta
sobre papel
húmedo para
acuarela.

Para conseguir esta
textura hay que colocar el
papel sobre los agujeros
grandes de un rallador y
frotarlo con una cera
amarilla. Finalmente, se
pinta el calco con tinta.

Colocando el papel
sobre los agujeros
pequeños del rallador
y frotando con una
cera, sale este dibujo.
Hay más calcos en
las páginas 78-79.

Este efecto se consigue al
espolvorear sal por encima de
una acuarela húmeda. Hay que
dejarlo secar y luego sacudirlo
para quitar la sal. La explicación
de la técnica está en la página 58.

Para crear este diseño,
pinta un trozo de plástico
transparente, coloca un
papel encima, pasa la
mano suavemente para
que se pegue y retíralo.
(Mira las páginas 24 y 26).

Otro efecto conseguido pintando sobre un plástico transparente. (Como el de la esquina inferior derecha de la página anterior).

Decoraciones pintadas con una brocha. Primero se aplica un color y cuando está seco, se pinta otro encima. Hay una muestra en las páginas 90-91.

Un papel pintado a la acuarela y salpicado con agua limpia antes de que se secara la pintura. En la página 31 (paso 5) se explica la técnica del salpicado.

Frota una cera de lado por la hoja de papel y luego pinta por encima. (Mira la página 82).

85

Collages con salpicaduras

PAPEL DE ESTRAZA O DE EMBALAJE

 Sujeta el periódico con piedras pequeñas.

1. Haz el collage al aire libre porque se salpica mucho. Coloca el papel sobre un periódico.

2. Pon pintura preparada en un recipiente. Añade agua para que quede fluida.

3. Moja un cepillo de dientes en la pintura y sosténlo sobre el papel que vas a salpicar.

4. Pasa una regla por el cepillo con dirección a ti. Así logras que la tinta salpique el papel.

5. Continúa salpicando hasta que consigas el efecto deseado. Deja que se seque.

6. Prepara pintura de otro color y salpícala sobre la anterior de la misma manera.

7. Para hacer salpicaduras grandes, moja una brocha en la pintura.

8. Sacúdela con un movimiento vertical rápido sobre el papel. Repite con más pintura.

9. Salpica pintura de esta manera, hasta que logres el efecto deseado. Deja que se seque.

10. Dibuja una rana y unas hojas en el dorso de un papel salpicado de pintura.

11. Dibuja unos juncos y la tira que hace de agua en papeles con salpicaduras finas.

12. Recorta las siluetas dibujadas y pégalas en papel de un color que contraste.

Creaciones con papel de seda

PAPEL GRUESO

Al superponer los
papeles cambian
los colores.

1. Rasga unas
formas redondas
de papel de seda
de varios colores.

2. Mezcla la cola o
pegamento PVA con
unas gotas de agua
en un recipiente.

3. Pega los trozos
de papel de seda
algo superpuestos
en papel blanco.

4. Pega más papeles.
Los colores suben
de tono al añadir
más capas.

Dibuja pétalos en el
papel de seda sin
marcar los bordes
en gran detalle.

Pon puntos
y líneas en
las hojas.

Amapolas

1. Rasga papel de seda naranja y rojo en forma de pétalos grandes.

2. Pega uno de los pétalos en una hoja grande de papel blanco.

3. Pega otros tres pétalos, frunciendo y superponiendo el papel de seda.

4. Recorta hojas y tallos en papel de seda y pégalos alrededor.

5. Da pinceladas de cola o pegamento PVA por las amapolas para que brillen.

6. Una vez seco el pegamento, haz los detalles con un rotulador fino.

Tarjetas y marcos

1. Dobla una cartulina por la mitad. Pasa la uña por el doblez.

2. Pon el dibujo en la cartulina doblada. Marca las esquinas a lápiz y retíralo.

3. Coloca el dibujo en un periódico y dale pegamento, del centro hacia fuera.

4. Pon el dibujo en la cartulina, guiándote por las marcas hechas a lápiz.

5. Coloca una hoja limpia de papel sobre el dibujo. Pasa la mano por encima.

6. Deja la tarjeta toda la noche bajo unos libros para prensar el dibujo.

Una pequeña acuarela montada en papel de color antes de ser pegada en la cartulina

Las filigranas de esta tarjeta están hechas con rotulador dorado.

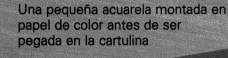
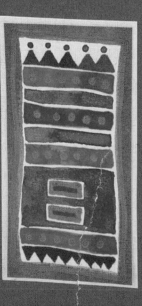

Una tarjeta decorada con recortes de papel de seda.

Marcos

1. Recorta una cartulina de mayor tamaño que el del dibujo a enmarcar.

2. Recorta otra cartulina del mismo tamaño, para que sirva de soporte.

3. Coloca el dibujo sobre la primera cartulina. Marca el contorno a lápiz.

4. Traza líneas a 5 mm del contorno a lápiz. Después, corta el rectángulo central.

5. Fija el dibujo al marco con cinta adhesiva. Pega el soporte por detrás presionando bien.

Decora el marco antes de fijar el dibujo.

El marco de arriba lleva trozos de papel de seda pegados.

91

Más ideas

En estas páginas finales hay muchas más ideas para poner en práctica las técnicas explicadas en el libro. Se incluye el número de la página para que puedas localizar las demostraciones.

Estos peces se han realizado usando la técnica de soplar acuarela por una pajita. (Páginas 54-55).

Un collage hecho con papeles salpicados de pintura. (Páginas 86-87)

Las mariposas y las flores que ves abajo y el erizo de la página 93 están pintados con diferentes tonos de tinta. (Páginas 42-43).

Los delfines están hechos con recortes de papel de seda y las olas son tiras pegadas del mismo papel. (Páginas 88-89)

Estos cuadros están hechos con papel de seda y pinturas acrílicas. (Páginas 12-13).

El estampado en rojo y naranja se hizo con pinturas acrílicas y los puntos con un palito de algodón. (Páginas 14-15).

Para este león se ha empleado la técnica de soplar acuarela y pintar encima. (Páginas 54-55).

Flores hechas con la técnica de tapado. La pintura se aplicó alrededor con esponja, en vez de salpicarla. (Páginas 30-31).

Flores y hojas de trozos de papel de seda rasgados y pegados sobre otro papel. (Páginas 88-89).

Para lograr un efecto granulado, como en la escena de la selva o los dos dibujos de abajo, espolvorea sal sobre acuarela húmeda. (Páginas 58-59).

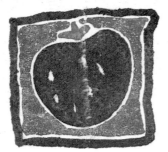

La tortuga es un collage de figuras hechas rascando pintura acrílica espesa. (Páginas 10-11).

Este árbol es una impresión hecha con trozos de bandas elásticas. (Páginas 24-25).

También puedes hacer un caracol como éste con trozos rasgados de papel de seda. (Páginas 88-89).

Índice